© Rizzoli editore 1982
pour les Illustrations de
Carlo Ranzi
extraites de *Homo*
© Gallimard, 1984
Dépôt légal : novembre 1984
Numéro d'édition : 34334
ISBN 2-07-039518-9
Imprimé par la Éditoriale Libraria en Italie

LE LIVRE DES PREMIERS HOMMES

COLLECTION DECOUVERTE CADET

Texte
Pierre Gouletquer
Illustrations
Carlo Ranzi, Sylvaine Pérols,
Christian Jégou, Marie Mallard,
Donald Grant, Roger-Guy Charman

GALLIMARD

Il bougeait, c'était un homme,
le premier homme.
Il se donna deux yeux pour se défendre.
Il se donna deux mains pour se défendre.
Un crâne il se donna pour se défendre.
Et puis il se donna
des tripes pour se conserver.

Il trembla de peur, il était
seul entre le soleil et l'ombre.

Une chose tomba comme un fruit mort,
une chose courut dans la lumière
        comme un reptile.
Il lui naquit deux pieds, il pouvait fuir,
c'est alors que grandirent de nouvelles menaces.

Si grande fut sa peur qu'il trouva une femme
pareille au hérisson, à la châtaigne verte.
Il pouvait la manger. Il la garda
pourtant à d'autres fins :
n'étaient-ils pas, elle et lui, seuls,
seuls à renaître de la terre ?
Et ils devaient s'aimer et se détruire.

Pablo Neruda

6

Ce livre appartient à

....

Chronologie

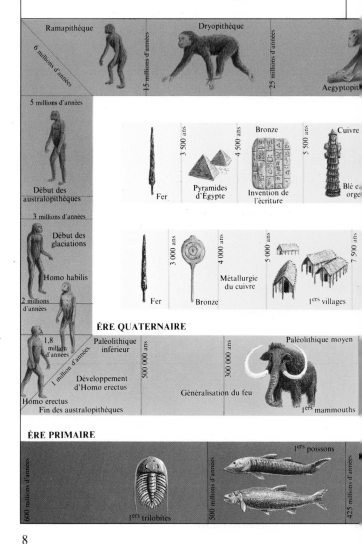

Ramapithèque

6 millions d'années

Dryopithèque

15 millions d'années

25 millions d'années

Aegyptopit

5 millions d'années

Début des australopithèques

3 millions d'années

Début des glaciations

Homo habilis

2 millions d'années

1,8 million d'années

1 million d'années

Paléolithique inférieur

Développement d'Homo erectus

Homo erectus
Fin des australopithèques

3 500 ans

Fer

Pyramides d'Égypte

4 500 ans

Bronze

Invention de l'écriture

5 500 ans

Cuivre

Blé e
orge

3 000 ans

Fer

4 000 ans

Bronze

Métallurgie du cuivre

5 000 ans

7 500 ans

1ers villages

ÈRE QUATERNAIRE

500 000 ans

300 000 ans

Paléolithique moyen

Généralisation du feu

1ers mammouths

ÈRE PRIMAIRE

600 millions d'années

1ers trilobites

500 millions d'années

1ers poissons

425 millions d'années

> *Avant que la terre fut, tout était eau. La terre n'était pas.*
> *Le ciel n'était pas. Le soleil et la lune n'étaient pas.*
> *Dieu volait à l'entour. De plus un homme volait à l'entour.*
>
> Récit cosmogonique des Tatars de l'Altaï

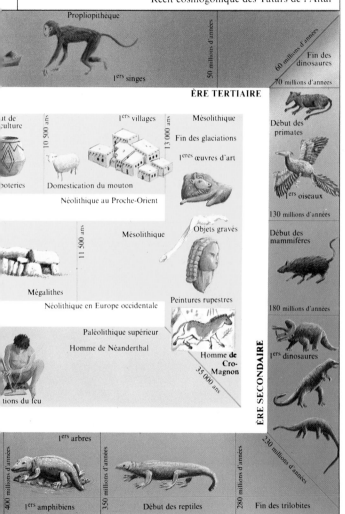

Propliopithèque

1ᵉʳˢ singes

50 millions d'années

60 millions d'années

Fin des dinosaures

70 millions d'années

ÈRE TERTIAIRE

...ut de ...culture

10 500 ans

1ᵉʳˢ villages

13 000 ans

Mésolithique

Fin des glaciations

1ᵉʳᵉˢ œuvres d'art

Début des primates

...oteries

Domestication du mouton

Néolithique au Proche-Orient

1ᵉʳˢ oiseaux

130 millions d'années

11 500 ans

Mésolithique

Objets gravés

Début des mammifères

Mégalithes

Néolithique en Europe occidentale

Peintures rupestres

180 millions d'années

Paléolithique supérieur

Homme de Néanderthal

Homme de Cro-Magnon

35 000 ans

1ᵉʳˢ dinosaures

...tions du feu

ÈRE SECONDAIRE

1ᵉʳˢ arbres

400 millions d'années

350 millions d'années

1ᵉʳˢ amphibiens

Début des reptiles

280 millions d'années

230 millions d'années

Fin des trilobites

9

La dérive des continents

Ces images du globe terrestre sont inhabituelles. La forme de la terre s'est modifiée jusqu'à aujourd'hui, et imperceptiblement la masse des continents continue de dériver.

La terre il y a 70 millions d'années. Europe et Amérique du Nord ne forment qu'un continent séparé de l'Asie, de l'Afrique et de l'Amérique du Sud.

La terre n'a pas toujours eu l'aspect que nous lui connaissons. Il y a 250 millions d'années elle était probablement formée d'un seul bloc. Les continents, grandes plaques de croûte terrestre, se sont très lentement séparés, heurtés et quelquefois chevauchés ; c'est ce que l'on appelle la dérive des continents. Lorsque commence l'aventure des Primates, l'Europe, le Groenland et l'Amérique du Nord constituent un seul bloc isolé de l'Afrique et de l'Amérique du Sud. Il y a 50 millions d'années, tandis que l'Amérique du Nord est déjà séparée de l'Europe, celle-ci se rapproche de

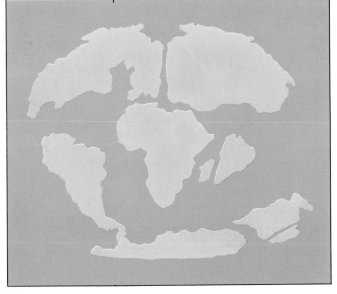

La mer entend un bruit merveilleux
et ignore en être la cause.
Les poissons qui se croisent feignent de ne pas se voir.
Puis se cherchent durant des siècles.

Jules Supervielle

l'Afrique. Plus tard, l'Afrique s'éloignera à nouveau de l'Europe et c'est seulement il y a environ 17 millions d'années que se dessinent les contours actuels des différents continents.

La terre aujourd'hui.

Un vieux protozoaire
Se décidait à faire

Enfin son testament,
Mais ne savait comment

Répartir l'apanage
Entre tout son lignage,

Car il n'avait céans
Qu'un seul bien : l'océan.

Guillevic

La terre il y a 50 millions d'années.
L'Amérique du Nord est coupée de l'Europe. Celle-ci forme avec l'Asie un seul continent, et communique avec l'Afrique.

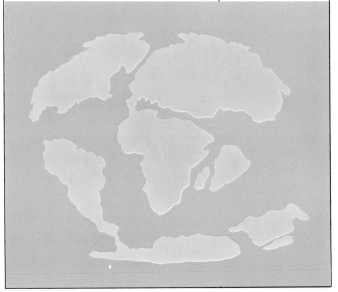

Nos plus lointains ancêtres

« Allez ! Allez ! Tous au suffrage !
Et qu'on m'élise sans ballottage ! »,
Hurla le Dinosaure.
« Depuis le début des âges,
C'est moi
Le plus grand, le plus fort ! »
Sortant des marécages,
Tremblant de tous leurs pores,
Qu'importe le sexe ou l'âge,
Tous votèrent « Dinosaure » !
Seule, la Tortue, très sage,
L'œil par-dessus bord,
Découvre au loin des âges :
Un monde, des paysages —
Sans l'ombre d'un Dinosaure !

— Andrée Chedid

1/ *Purgatorius*
2/ *Plesiadapis*
3/ *Adapis*
4/ *Necrolemur*
5/ *Notharctus*
6/ *Branisella*

Il y a 70 millions d'années, alors que disparaissent les derniers Dinosaures, les Primates font leur apparition.

Le plus ancien d'entre eux, *Purgatorius*, a été trouvé aux États Unis. De la taille d'un rat, il vivait dans les arbres et se nourrissait de feuilles et de fruits. *Plesiadapis*, que l'on date de 50 millions d'années, venait d'Europe et d'Amérique du Nord ; il avait la taille d'un écureuil. *Adapis*, découvert dans les carrières de Montmartre, vivait dans les forêts de séquoias qui occupaient le site de Paris. Comme *Necrolemur* et *Notharctus*, il ressemble aux loris, tarsiers ou lémurs d'aujourd'hui.

À partir de 40 millions d'années, apparaissent les Simiens. *Branisella*, trouvé en Bolivie, annonce les singes à longue queue du Nouveau Monde, tandis que d'autres espèces, vivant dans les forêts de l'ancienne vallée du Nil, sont les ancêtres directs des singes de l'Ancien Monde, et engendreront plus tard l'homme.

Les singes, il y a trente millions d'années

Pour désigner les animaux dont ils découvrent les fossiles, les savants ont créé des noms composés à partir du mot grec *pithecos* qui veut dire « singe ». Ainsi, l'Aegyptopithèque est un singe trouvé en Égypte.

C'est dans la vallée du Nil, où l'on découvrit le riche gisement de fossiles du Fayoum, qu'un autre maillon apparaît dans l'évolution des primates, il y a environ 30 millions d'années.

Aegyptopithecus

14

Il s'agit de singes plus grands, toujours munis d'une longue queue, ayant des mains et des pieds préhensiles. Ils se déplacent dans les arbres mais vivent surtout au sol, se nourrissant de végétaux.

Le singe descend de l'homme.
C'est un homme sans cravate,
sans chaussures, sans varices,
sans polices, sans malice,
sorte d'homme à quatre pattes
qui n'a pas mangé la pomme.

Claude Roy

Par la forme et le nombre de leurs dents, ils se rapprochent des grands singes d'aujourd'hui, leur faciès présente encore un museau allongé et de grandes orbites.

Propliopithecus

15

Oréopithèques et Gigantopithèques

Le rapprochement de l'Afrique et de l'Eurasie, il y a 17 millions d'années, permet aux espèces habitant l'Afrique de se déplacer vers le nord. Ainsi l'Oréopithèque vivant en Toscane il y a 9 millions d'années avait sans doute pour ancêtre le Dryopithèque venu des forêts africaines ou des savanes boisées.

L'Oréopithèque, singe de la montagne, dont on a retrouvé un squelette presque entier, mesurait 1,20 m, pesait 40 kg et avait un cerveau de 200 cm^3.

Oreopithecus

Il a un museau court et bien que vivant encore dans les arbres, il est adapté à la marche bipède. Très proche de l'homme, il n'évoluera pas.
Le Gigantopithèque est sans doute le plus étonnant des Primates.
Il devait mesurer plus de 2,50 m et peser 300 kilos.
Vivant entre 10 et 2 millions d'années avant notre ère, il est contemporain de l'*Homo erectus*, mais il est sans danger pour lui, car végétarien.

Grâce à sa mâchoire très puissante, le Gigantopithèque pouvait mastiquer les végétaux les plus coriaces.

Gigantopithecus

Le gorille est d'une famille
qui sans conteste a le bras long.
L'imaginez-vous hors des grilles avec faux col et pantalon ?

Daniel Lander

Le Ramapithèque

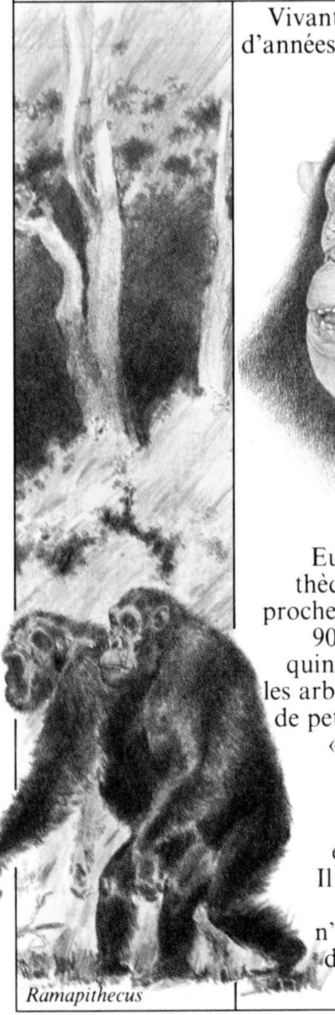

Vivant en Afrique il y a 13 millions d'années, puis un peu plus tard en

Europe et en Inde, les Ramapithèques sont sans doute nos plus proches ancêtres. Mesurant environ 90 cm de hauteur et pesant une quinzaine de kilos, ils vivent dans les arbres, mais chassent sans doute de petites proies au sol. Leur nom, « singes du dieu Rama », rappelle qu'ils ont été trouvés essentiellement en Inde.
Le Kenyapithèque d'Afrique est proche du Ramapithèque. Il ne mériterait pas de mention particulière si ses ossements n'avaient été trouvés associés à des pierres utilisées et à des os intentionnellement brisés.

Ramapithecus

18

Entre deux règnes,
    entre deux branches,
Entre la terre et l'horizon,
Entre la parole et le son,
A mi-chemin de tout destin
Avec ses mains roses ou blanches,
Son corps qui malgré lui s'élance
Vers le fruit doré du soleil,
Avec ses grands yeux en éveil,
Son front ridé qui presque pense,
Entre deux vies, entre deux trains,
Entre l'animal et l'humain,
Entre l'instinct et la conscience,
Hésitant, du soir au matin,
Printemps, été, jeudi, dimanche,
Le singe sans fin se balance.

Marc Alyn

Kenyapithecus

Avec le Kenyapithè-
que, on possède la
preuve la plus
ancienne de l'utilisa-
tion de la pierre
comme outil, il y a
14 millions d'années.

19

Les Australopithèques

Les paléontologues étudient et reconstituent généralement les ancêtres de l'homme à partir d'éléments très dispersés : des dents, des morceaux épars de mâchoires, des fragments d'os ou de crâne, permettent de recomposer le puzzle d'un squelette. En 1974, on met à jour, en Éthiopie, dans la région de l'Afar, un squelette presque entier : c'est un événement primordial pour les chercheurs.

Entre le soleil et la terre
Un homme qui n'a pas de nom
A sondé la grotte céleste
De son alarmante chanson.

Son front bourdonne de pensées
Qui s'échappent en oiseaux gris
Et se dissolvent dans la nuit
Malgré leurs plumes hérissées.

Jules Supervielle

Ce squelette, comme la plupart des fossiles très anciens, a pu être daté en analysant les roches dans lesquelles il a été trouvé. Lorsque les roches contiennent du potassium, celui-ci se désintègre, à une certaine cadence, en se transformant en un autre corps, l'argon. Les physiciens, qui connaissent le temps nécessaire pour que le potassium se désintègre complètement (plus d'un milliard d'années) peuvent, d'après la quantité restante, calculer quelle proportion de ce temps elle représente. On sait ainsi que Lucy vivait il y a 3 millions d'années.

Ces empreintes d'Australopithèques avaient été recouvertes par les cendres d'un volcan à Laetoli, en Tanzanie.

Les 52 os retrouvés du squelette de Lucy.

Lucy, jeune australopithèque d'une vingtaine d'années, permet de vérifier certaines idées encore incertaines. Il y a 3,5 millions d'années, elle avait un crâne de singe (500 cm^3) et déjà un corps humain. Elle marchait redressée, et ses pieds, aux orteils alignés, ressemblaient plus à ceux de l'homme qu'à ceux du singe.
La séparation entre les deux familles était déjà réalisée, depuis longtemps sans doute.

Lucy n'est qu'un surnom, donné en souvenir d'une chanson des Beatles que les chercheurs écoutaient tous les jours. Son véritable nom : *Australopithecus afarensis*, veut dire Singe du Sud venant de l'Afar.

Lucy in the sky with diamonds,
Picture yourself on a train
*   in a station,*
With plasticine porters
*   with looking glass ties*
Suddenly someone is there
*   on the turnstile,*
The girl with
*   the kaleidoscope eyes.*

The Beatles

21

L'enfant de Taung

La découverte de Lucy a permis de confirmer l'identité d'un spécimen trouvé en 1924, l'enfant de Taung, que l'on prenait pour un jeune singe. Il s'agit en fait d'un petit *Australopithecus africanus* d'environ 6 ans, dont les os de la face, parfaitement conservés, ont permis de reconstituer l'ensemble du visage.

Sous ses dents de lait, ses dents d'adulte commençaient à percer. Adulte, il aurait mesuré environ 1 mètre 25 pour 25 à 30 kilos. Il vivait dans la savane, se nourrissant de végétaux et de petits animaux.

Sans fin la forêt creuse la terre sèche
Où la préhistoire est restée couchée.

Guillevic

Autrefois le ciel était si près de la terre qu'il suffisait de tendre la main pour découper un morceau du firmament et s'en nourrir. Si les hommes se contentaient alors d'aliments crus comme les animaux, et, comme eux encore, ignoraient la pudeur, c'était l'âge d'or.

Mythe mosi

23

Les derniers

Descendants d'*Australo-pithecus africanus*, *Australopithecus boisei* en Afrique de l'Est et *Australopithecus robustus*, en Afrique du Sud, sont plus grands et plus lourds : 1,50 m et 50 kg.

Je ne veux pas évoluer
plus loin que l'homme.
Mon être a trop, déjà,
de l'effort atavique ;
J'ai fait tant de chemin
à travers mes ancêtres,
Depuis le carrefour lointain
où la matière A rencontré la vie,
J'ai la tête si trouble
et les jambes si lourdes
Que je m'arrête enfin pour dormir
sous les feuilles.

Jules Romains

Australopithecus africanus est aussi appelé *gracilis* par opposition à l'autre espèce, *robustus*. Sa petite taille ne l'empêchait pas d'être très résistant et bon chasseur.

Australopithèques

Ils disparaissent il y a 1 million d'années, après avoir cohabité longtemps avec un rival qui va leur survivre : *Homo habilis*.

Australopithecus robustus est doté d'une mâchoire lourde et massive, adaptée à un régime végétarien.

Homo habilis

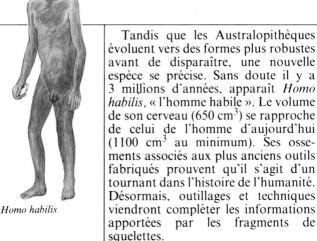

Homo habilis

La main est désormais capable de fabriquer des outils : c'est une action réfléchie.

Tandis que les Australopithèques évoluent vers des formes plus robustes avant de disparaître, une nouvelle espèce se précise. Sans doute il y a 3 millions d'années, apparaît *Homo habilis*, « l'homme habile ». Le volume de son cerveau (650 cm^3) se rapproche de celui de l'homme d'aujourd'hui (1100 cm^3 au minimum). Ses ossements associés aux plus anciens outils fabriqués prouvent qu'il s'agit d'un tournant dans l'histoire de l'humanité. Désormais, outillages et techniques viendront compléter les informations apportées par les fragments de squelettes.

Homo habilis habite les steppes de l'Est de l'Afrique jusqu'aux environs d'1,5 million d'années avant notre ère.

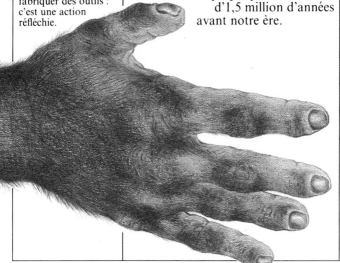

Il fabrique des outils simples avec des galets. En enlevant un ou deux éclats, il en fait un outil tranchant à usages multiples. Il est omnivore et son menu est varié. On a retrouvé sur un site habité par des *Homo habilis* des restes de poissons, de crocodiles, de porcs-épics, d'antilopes, de girafes et même d'hippopotames.

Le singe sans effort
Le singe devint
*   homme*
lequel un peu plus
*   tard*
*   désagrégea*
*   l'atome*

Raymond Queneau

27

1/ *Necrolemur*
50 millions
d'années. Trouvé en
1873 dans le Quercy.
2/ *Plesiadapis*
50 millions d'années.
3/ *Adapis*
50 millions d'années.
Découvert par Cuvier
à Montmartre en 1821.
4/ *Apidium*
35 millions
d'années. Découvert
en 1908 en Égypte.
5/ *Rooneyia* 30 millions
d'années. Trouvé au
Texas.
6/ *Aegyptopithecus*
30 millions d'années.
Capacité crânienne
de 27 cm^3.
7/ *Notharctus*
20 millions d'années.
Retrouvé en 1870
dans le Wyoming.
8/ *Dryopithecus*
20 millions d'années.
Trouvé en Afrique
et surnommé
« Proconsul », du
nom d'un singe du
zoo de Londres.
Cerveau de 150 cm^3.
9/ *Ramapithecus*
15 millions d'années.
Trouvé en Asie.
10/ *Oreopithecus*
10 millions d'années.
Cerveau de 200 cm^3.
11/ *Pliopithecus*
10 millions d'années.
Son nom signifie
« singe plus récent ».
12/ *Australopithecus
africanus* 3 millions
d'années.

Les plantes et les animaux portent des noms plus ou moins précis dans les langues des pays où ils vivent. Pour pouvoir les décrire, les comparer et les classer, les savants du monde entier ont choisi le latin.

L'espèce est la plus petite unité décrite scientifiquement. Elle réunit tous les individus présentant les mêmes caractères. Dans les conditions naturelles, mâles et femelles se fécondent, engendrant des descendants féconds eux aussi.

Lorsque plusieurs espèces se ressemblent suffisamment, on les groupe sous un même nom de **genre.** On désigne les êtres vivants par le nom de genre, dont l'initiale est en majuscule, suivi du nom d'espèce. On écrira ainsi *Australopithecus africanus* ou *Australopithecus robustus,* appartenant tous deux au même genre *Australopithecus,* mais à deux espèces différentes. Plusieurs genres peuvent aussi se ressembler suffisamment pour être rapprochés, constituant alors ce qu'on appelle une **famille.** Les familles elles-mêmes sont regroupées en **ordres,** lesquels constituent des **classes,** qui sont à leur tour des divisions des **embranchements** du **règne animal** ou du **règne végétal.**

En 70 millions d'années, nous nous sommes peu à peu éloignés des Primates puis des premiers singes.

Soixante-dix millions d'années d'évolution

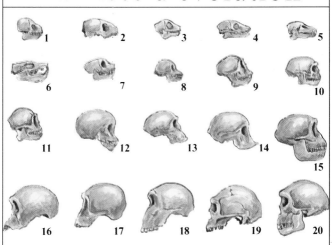

Avec Lucy, nous avons atteint l'ultime étape avant l'homme. *Homo habilis* est encore très différent de nous et bien des transformations se produiront en 3 millions d'années. Mais les caractères essentiels sont en place : un cerveau de volume important, la station définitivement debout, des mains susceptibles de fabriquer des outils et, très probablement, les premiers balbutiements du langage articulé.

13/ *Australopithecus africanus* mâle.
14/ *Australopithecus africanus* femelle. Trouvés tous deux à Sterkfontein, en Afrique du Sud. Cerveau de 400 à 500 cm^3.
15/ *Australopithecus afarensis* 3 millions d'années. Connu sous le nom de Lucy.
16/ *Homo habilis* 3 millions d'années. Cerveau de 500 à 700 cm^3.
17, 18, 19, 20/ Crânes d'individus postérieurs à Homo habilis.

La carte des premiers hommes

● Sites de l'*Australopithecus*
● Sites de l'*Homo habilis*
● Sites de l'*Homo erectus*
● Sites de l'*Homo sapiens néandertalensis*

Au cours des lentes modifications que fait subir à la terre la dérive des continents, l'Afrique s'est fendue en deux, de la mer Rouge au Mozambique. Cet effondrement, la Rift Valley, délimite deux mondes différents, auxquels devront s'adapter les Primates.

A l'ouest, la forêt tropicale, où se développeront gorilles et chim-

Australopithèque : l'enfant de Taung, trouvé en Afrique du Sud

Homo habilis trouvé en Tanzanie, à Olduvai

Homo erectus découvert également à Olduvai

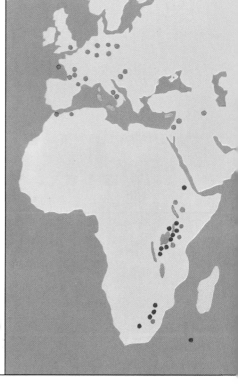

Homo erectus : l'homme de Mauer découvert près de Heidelberg (Allemagne)

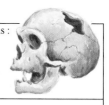
Homo erectus : l'homme de la Chapelle-aux-Saints, en Auvergne

panzés. A l'est, la savane sèche ; pour y survivre, il faut évoluer, se déplacer plus vite, voir plus loin. De ces contraintes d'adaptation sont nés les Hominidés. *Australopithecus, Homo habilis, Homo erectus* ont tous été découverts dans la partie orientale de l'Afrique. De là Homo erectus gagne le monde entier.

Homo erectus : l'homme de Pékin, découvert dans la grotte de Choukoutien, Chine

Australopithèque : Lucy, trouvée dans l'Afar, en Éthiopie

Homo erectus : l'homme de Solo, découvert dans l'île de Java, en Indonésie

Homo erectus

Homo habilis se déplace progressivement vers le Nord, sans doute à la recherche de gibier plus abondant. Peu à peu il se transforme : plus grand, plus lourd, le crâne plus volumineux, son aspect change selon les régions. On retrouve un peu partout en Afrique et en Eurasie (où il est arrivé par Gibraltar et par le Sinaï) des traces d'outillage et des restes fossiles de ce nouvel homme, *Homo erectus*, « l'homme érigé ».

Le premier *Homo erectus* est découvert en 1891, à Java. Une molaire, un fragment de calotte crânienne puis un fémur permettent à Eugène Dubois d'affirmer qu'il s'agit d'un « homme-singe », le Pithécanthrope, vieux de 500 000 ans.

V'là trois millions d'années que j'dormais
*   dans la tourbe*
Quand un méchant coup d'pioch me
*   trancha net le col*
Et me fit effectuer une gracieuse courbe
A la fin de laquell' je plongeais dans
*   l'formol*
D'abord on a voulu m'consolider la face
On se mit à m'brosser mâchoir' et
*   temporal*
Suivit un shampooing au bichromat' de
*   potasse*
Puis on noua un' faveur autour d'mon
*   pariétal*
Enfin les scientifiqu' suivant coutum' et us
Voulant me baptiser de par un nom latin
M'ont appelé Pithecanthropus erectus

Pierre Tisserand chanté par Serge Reggiani

Aujourd'hui, grâce
aux découvertes de l'Homme
de Mauer, puis de l'Homme
de Pékin et, plus récemment, du
premier *Homo erectus* trouvé en Afrique sur les bords du lac Turkana, on
sait que le Pithécanthrope n'était plus
du tout un singe. Il a approximative-
ment notre taille et notre poids, et un
volume cérébral de 750 à 1250 cm^3.

Il est donc très proche de nous.

Pithécanthrope
de Modjokerto (Java).

Son profil est
caractérisé par des
bourrelets au-dessus
des orbites et une crête
sur le dessus du crâne.

33

Les techniques de l'Homo erectus

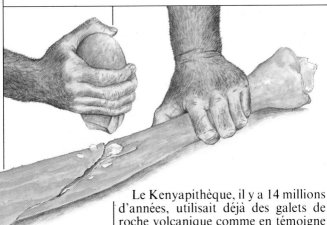

Le Kenyapithèque, il y a 14 millions d'années, utilisait déjà des galets de roche volcanique comme en témoigne l'usure de leurs arêtes naturelles.

Ce n'est que 11 millions et demi d'années plus tard qu'apparaissent les premiers outils taillés. *Homo habilis* n'utilise plus seulement comme outils les pierres qui s'y prêtent, mais il les façonne, les frappant avec une autre pierre pour en retirer des éclats. Bien qu'il diversifie les outils fabriqués à partir des éclats, *Homo erectus*, à ses débuts, n'utilise pas d'autre technique.

Galets aménagés ou « choppers ».

Il y a 500 000 ans se développe une nouvelle technique du travail de la

pierre ou « industrie acheuléenne ».
Cette technique qui doit son nom à
une petite localité de la Somme, Saint-
Acheul, où ont été trouvés les premiers
objets de ce type sera utilisée pendant
une très longue période. Les bifaces
deviennent progressivement plus régu-
liers, plus plats, et leur tranchant plus
rectiligne ; la minceur des derniers
enlèvements semble due à l'emploi
d'un percuteur de bois.

Les bifaces de la première période
sont volumineux, puis ils sont de plus
en plus courts, jusqu'à l'apparition
d'un nouveau type, ovale et plus plat,
ayant alors la forme d'une amande ; ils sont
alors longs de 12 à 15 cm et larges de
6 à 7 cm. Outil multiple, le biface
acheuléen pouvait servir à couper le
bois ou l'os, à décharner les bêtes et à
gratter les peaux.

Mais le pas décisif était accompli : la
main s'était libérée ; *elle pouvait
désormais acquérir de plus en plus
d'habiletés nouvelles et la souplesse
plus grande ainsi acquise se transmit par
hérédité et augmenta de génération en
génération.*   Engels

Biface acheuléen : le
noyau de silex est
frappé en alternance
des 2 côtés à l'aide
d'une pierre dure.
La coupe est ensuite
régularisée grâce à un
percuteur de bois.

La découverte du feu

La terre dominait
  la mer était sujette
Mais le soleil sortit
  de son sommeil céleste
Sur le feu de la terre
  il versa sa lumière
Éteignit l'ombre ardente
  et l'on vit une bête
Passer dans la verdure
  et l'on vit une tête
Qui saluait le jour
  et la fraîcheur de l'air

Paul Éluard

Autour du foyer naît la vie sociale.

*Avant d'être le fils du bois,
le feu est le fils de l'homme.*

Gaston Bachelard

Avec *Homo erectus*, apparaît un progrès décisif pour l'histoire des hommes : la maîtrise du feu.
Jusque vers 400 000 ans avant notre ère, le feu est un phénomène naturel terrifiant et incontrôlable. Les éruptions des volcans, la foudre qui s'abat sur les arbres et les incendies, en démontrent bien la puissance. Mais comment l'utiliser intentionnellement ? Les préhistoriens ne disposent d'aucun témoignagne sur les techniques de fabrication du feu. En revanche, des sites qui contiennent des cendres, des charbons de bois, des os calcinés prouvent bien que les hommes qui vivaient là en maîtrisaient l'usage.

C'est grâce au feu que l'homme peut s'installer dans les cavernes en prenant la place des gros animaux qui y avaient leur gîte. Le feu les tient à distance, et il permet en outre de durcir les outils, pointes de bois ou d'os, et de les rendre ainsi plus efficaces.

C'est sans doute en observant les étincelles qui jaillissent du choc de deux pierres ou le dégagement de chaleur produit lorsqu'on frotte deux bois l'un sur l'autre que l'homme a compris comment faire du feu. Les peuplades primitives utilisent encore le bâton à feu : on le fait tourner entre les paumes jusqu'à ce que le trou percé dans la planche s'échauffe. On approche alors des brins d'herbe sèche qui s'enflamment. Il faut ensuite attiser la flamme et l'alimenter avec des brindilles, puis des branches. L'opération d'allumage de feu prend environ 5 mn.

37

Terra Amata

Campement provisoire, le site de Terra Amata ne contenait pas d'ossements humains. En revanche les nombreux fossiles d'animaux et les outils taillés ont fait connaître les conditions de vie des chasseurs d'éléphants d'il y a 400 000 ans.

Il y a 400 000 ans, les pentes du Mont-Boron, à Nice, abritaient une faune abondante : ours, éléphants, rhinocéros, sangliers, cerfs, lapins. Une petite rivière toute proche, le Paillon, regorgeait de poissons, de mollusques et de tortues. C'est là, au bord de la mer, à proximité d'une source d'eau douce, que des groupes de chasseurs avaient établi leur campement.

Terra Amata est l'un des sites d'habitat les plus anciens connus en Europe. Fouillé depuis 1966, il a livré des témoignages qui nous font comprendre les techniques et le mode de vie d'un groupe *d'Homo erectus*.

Chaque année, au printemps, sur cette plage bien abritée des vents, ils construisaient des huttes ovales de 10

à 15 m de long sur 5 à 6 m de large, formées de branches entrelacées. Le pourtour de la cabane était marqué de grosses pierres et le sol par endroits empierré ou recouvert de peaux. Au centre, sur un dallage de galets ou dans une petite fosse de 15 cm de profondeur, se trouvait un foyer. Autour de ce feu, qui réchauffe et éclaire, s'était organisée une vie sociale. Dans la hutte, on fabriquait des outils, on mangeait, on dormait. Les endroits de repos se reconnaissent à l'absence d'outils ou de déchets.

Les haltes à Terra Amata ne duraient que quelques jours. Le groupe repartait vers d'autres territoires de chasse, abandonnant au sol ses outils, et laissant les cabanes s'écrouler.

Un musée archéologique a été aménagé sur le site de Terra Amata, à Nice.

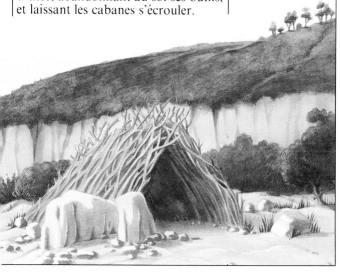

Homo présapiens

L'espèce *Homo erectus,* née il y a 2 millions d'années, va peu à peu se transformer en une forme plus évoluée, *Homo presapiens.* On a retrouvé dans tout l'Ancien Monde (en Afrique, en Europe et en Asie) des fossiles de ces nouveaux hommes. Datant de 250 000 ans, l'homme de Swanscombe en Angleterre ou l'homme de Steinheim en Allemagne, annoncent déjà les *Homo sapiens* que nous sommes.

Découverts en 1935, les restes crâniens de Swanscombe appartenaient à un homme jeune, dont le cerveau mesurait environ 1100 cm^3.

Sur les bords de la Tamise, il chassait le gros gibier : cerfs, sangliers et même rhinocéros.

L'Homme de

Certains traits primitifs subsistent, la tête volumineuse et aplatie et surtout les bourrelets au-dessus des orbites, mais par sa taille (1,60 m) et le volume de son cerveau (1600 cm^3), le Néanderthalien est très proche des *Homo sapiens*. Son nom savant est Neandertalensis.

Il y a environ 150 000 ans, des formes différentes d'*Homo erectus* apparaissent en Europe : les « Hommes de Néanderthal ». En 1856, dans la vallée du Néander, en Allemagne, on découvre un fémur et une calotte crânienne qui permettent d'identifier ce représentant de l'avant-dernier maillon de l'évolution. Après avoir occupé l'Ancien Monde pendant plus de 100 000 ans, il disparaît il y a environ 35 000 ans, pour des raisons inexpliquées, remplacé par l'espèce actuelle, *Homo sapiens sapiens*.

Néanderthal

Entre 1 million d'années et 10 000 ans, vont se dérouler quatre glaciations (Günz, Mindel, Riss et Wurm). Le froid intense alternera avec les températures chaudes ou tempérées des périodes interglaciaires.

L'homme a dû s'adapter à des conditions de vie variant d'un extrême à l'autre. La dernière glaciation, celle de Wurm, durera de 80 000 ans à 10 000 ans avant J.-C., avec des différences d'intensité dans le froid, mais un climat moyen proche de celui que connaît la Sibérie aujourd'hui.

La chasse

Bison

Face à l'homme de Néanderthal, dans ces climats rigoureux, vivent des animaux adaptés au froid, résultant eux aussi d'une longue évolution. En effet, les éléphants ou hippopotames qui peuplaient auparavant l'Europe ont fait place aux rennes, mammouths, rhinocéros laineux, bouquetins, cerfs et bisons. La plupart des espèces actuelles existent déjà. Depuis longtemps, le cheval est présent, mais n'est encore qu'un gibier. La domestication viendra beaucoup plus tard.

Tous ces grands animaux fournissaient une quantité impressionnante de viande, et il est probable que les hommes de Néanderthal, pour la conserver, avaient eu l'idée de constituer des réserves dans des trous creusés dans la neige.

Pour chasser et dépecer ce gibier, les Néanderthaliens avaient mis au point un outillage que l'on a appelé « industrie moustérienne », du nom de la grotte du Moustier, en Dordogne, où en ont été trouvés de nombreux spécimens.

Une nouvelle technique de taille du silex est employée : la technique dite

Pointe Levallois

Le silex taillé

« Levallois ». En préparant le bloc de silex avant la taille, on peut en tirer des éclats et des pointes de forme parfaitement déterminée ; un même bloc permet d'obtenir une plus grande quantité de tranchants utilisables. Avec les fortes pointes triangulaires ainsi fabriquées seront façonnés des couteaux, des racloirs, des grattoirs, des perçoirs qui serviront à travailler le bois, l'os et la peau.

Rhinocéros laineux

45

Les rites de la mort

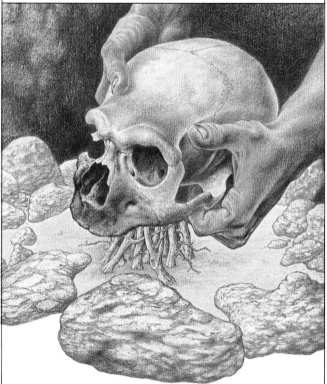

Souvent, les squelettes étaient entourés d'outils de silex et d'ossements d'animaux.

Avec les Néanderthaliens, apparaissent les premières manifestations d'un culte des morts. Ceux-ci ne sont plus laissés sur place, au hasard des circonstances de leur décès, mais enterrés à proximité des lieux d'habitation.

De nombreuses sépultures retrouvées dans des grottes, en Europe et au Moyen-Orient, prouvent que l'homme

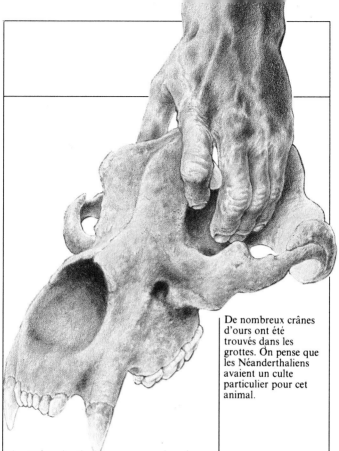

De nombreux crânes d'ours ont été trouvés dans les grottes. On pense que les Néanderthaliens avaient un culte particulier pour cet animal.

de Néanderthal, pour rendre hommage à ses morts, avait élaboré différents rituels. Le crâne de l'Homme de Circeo (Italie), était déposé au centre d'un cercle de pierres. A Techi-Tach, en Union Soviétique, un jeune garçon était enterré accroupi, entouré de cornes de bouquetins, tandis qu'en Irak, l'Homme de Shanidar reposait sur une couche de fleurs.

47

L'homme de Cro-Magnon

On désigne sous le nom d'hommes de Cro-Magnon des individus trouvés aussi bien en France qu'en Allemagne et en Tchécoslovaquie. Ils sont généralement très grands (1,80 m à 1,95 m) et leur cerveau est identique à celui de l'homme d'aujourd'hui. C'est le début de l'espèce *Homo sapiens*.

C'était au temps
d'la préhistoire,
Il y a de ça
trois cent mille ans,
Vint sur la terre,
un être bizarre,
Proche parent
d'orang-outan.
Debout sur ses patt's
de derrière,
Vêtu d'un slip
en peau d'bison,
Il allait conquérir
la terre,
C'était l'homme
de Cro-Magnon.

Refrain

L'homme de Cro,
l'homme de Ma,
l'homme de Gnon,
L'homme de Cro-
Magnon.

Vers le milieu de la dernière glaciation, il y a 35 000 ans, l'Homme de Néanderthal cède la place à l'Homme de Cro-Magnon, *Homo sapiens sapiens*. Celui-ci gagne rapidement la totalité des terres habitables. Le niveau des mers étant alors considérablement plus bas qu'aujourd'hui (85 m en moins), des groupes gagnent à pied l'Alaska en passant par le détroit de Béring, et pénètrent en Amérique du Nord. On a retrouvé au Texas des traces d'une industrie de pierre taillée

remontant à 30 000 ans. A partir de
l'Asie du Sud-Est, d'autres hommes
gagnent l'Australie, cette fois vraisem-
blablement à bord d'embarcations.
Des groupes de plus en plus nombreux
se forment, isolés les uns des autres, ce
qui explique l'apparition des races
différentes.

Les différentes techniques de taille

Fabrication de lames à l'aide d'un percuteur de pierre, à partir d'un gros nodule de silex.

Racloirs (le premier avec encoche) et pointes de silex.

SILEX
comme une sombre et chaude origine dispersée
déserts de poème dans la lumière du soir
mettant à nu dans l'œil la durée

Lorand Gaspar

L'industrie moustérienne de l'Homme de Néanderthal produisait déjà des outils variés adaptés à un usage précis.

Avec l'Homme de Cro-Magnon, la spécialisation de plus en plus grande de l'outillage permet d'identifier plusieurs cultures caractéristiques d'époques successives.

C'est en Europe occidentale que ces cultures ont d'abord été étudiées. On les désigne toujours par les noms des sites qui les ont rendues célèbres.

Le *Périgordien* est caractérisé par la production de couteaux à dos, de burins, de pointes de formes différentes et de pièces présentant de nombreuses encoches, et que l'on appelle denticulés.

L'*Aurignacien* offre pour la première fois des outils en os parfaitement façonnés, et une grande variété de grattoirs et de pointes.

Le *Solutréen* est bien connu pour ses beaux objets de silex en forme de feuilles très fines, obtenues par des retouches plates. C'est aussi l'époque où l'on trouve des aiguilles en os.

Le *Magdalénien* donne un outillage fait essentiellement d'os et de bois de renne ; servant au travail du cuir, des perçoirs de différentes formes, des scies et des microlithes en silex.

Les techniques de taille du silex sont poussées à la perfection. A la percussion directe se sont ajoutées la percussion indirecte et la taille par pression. Dans la percussion indirecte, un outil intermédiaire entre le nucléus et le percuteur permet de mieux contrôler l'enlèvement. L'usage de percuteurs en bois, en os, en bois de renne permet de varier l'aspect et la disposition des retouches et d'obtenir une grande variété dans l'outillage.

En même temps, l'homme acquiert une meilleure connaissance de la matière travaillée. Il se rend compte que pour fabriquer les plus belles pièces, il doit posséder un silex d'excellente qualité et, en plus, le chauffer avant de le travailler. Désormais, la réalisation des objets les plus fins implique un apprentissage et un talent. L'artisanat rejoint l'art.

La « feuille de laurier » était utilisée pour la fabrication des lances et des poignards.

51

Les campements

Les hommes du Paléolithique n'habitaient pas dans des grottes. Ils aménageaient des surplombs rocheux en les fermant avec des branches et des tentes de peaux. Dans les régions dépourvues d'abris naturels, ils construisaient des huttes de bois, de pierres ou de peaux. En Europe, de nombreux sites comme Pincevent en France ou Dolni Vestonice en Tchécoslovaquie, ont permis de reconstituer, grâce à des fouilles très méticuleuses, des campements complets et d'imaginer la vie qui s'y déroulait : aires de travail et de repos, foyers.

En Sibérie, à défaut de bois, les

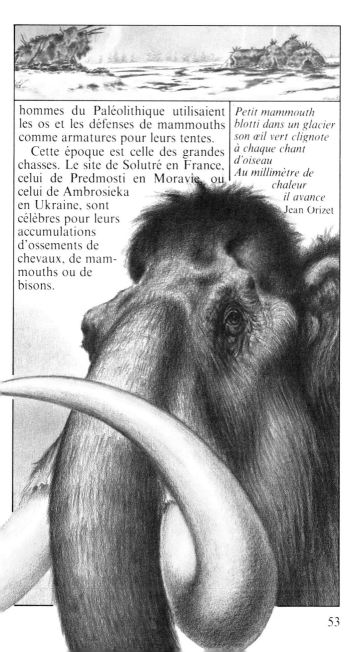

hommes du Paléolithique utilisaient les os et les défenses de mammouths comme armatures pour leurs tentes.

Cette époque est celle des grandes chasses. Le site de Solutré en France, celui de Predmosti en Moravie, ou celui de Ambrosieka en Ukraine, sont célèbres pour leurs accumulations d'ossements de chevaux, de mammouths ou de bisons.

Petit mammouth
blotti dans un glacier
son œil vert clignote
à chaque chant
d'oiseau
Au millimètre de
chaleur
il avance
Jean Orizet

L'art pariétal

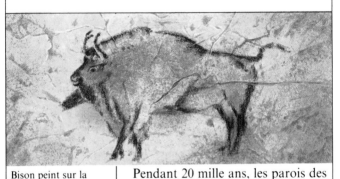

Bison peint sur la voûte de la grotte d'Altamira (Espagne)

Un dessin immuable demeure, incrusté là depuis des millions d'années. Mais la fraîcheur en est la même qu'au seuil de la longue nuit.

Roger Caillois

Pendant 20 mille ans, les parois des grottes se couvrent de gravures, de dessins et de peintures. L'ensemble, appelé art pariétal, est d'une remarquable unité dans l'Europe du Sud. Si les grottes décorées sont très nombreuses en Espagne et en France, on en trouve aussi en Sicile et en Italie.

Gravures, dessins et peintures étaient réalisés avec des outils simples mais parfaitement adaptés. Les parois de calcaire dur étaient gravées à l'aide de burins de silex, tandis que le dessin au doigt suffisait à marquer les parois de roche tendre.

La « frise des taureaux » (le plus grand mesure 5 m) orne la première salle, ou rotonde de la grotte de Lascaux (Dordogne) datant de 15 000 av. J.-C.

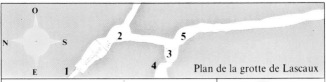

Plan de la grotte de Lascaux

La Bête innommable ferme la marche
du gracieux troupeau,
comme un cyclope bouffe.
Huit quolibets font sa parure,
divisent sa folie.
La Bête rote dévotement
dans l'air rustique.
Ses flancs bourrés et tombants
sont douloureux,
vont se vider de leur grossesse.
De son sabot à ses vaines défenses,
elle est enveloppée de fétidité.

Ainsi m'apparaît dans la frise de Lascaux,
mère fantastiquement déguisée,
La Sagesse aux yeux pleins de larmes.

René Char

1/Entrée
2/Rotonde
3/Abside
4/Puits
5/Nef

L'éclairage était fourni par des lampes à graisse, pierres creusées et quelquefois gravées, dont la mèche de bois de genévrier brûlait sans fumée.

Dans certaines grottes, on a retrouvé des restes de corde et des trous dans les parois : des échafaudages de poutres de bois permettaient sans doute d'atteindre les plafonds ou les parties les plus hautes.

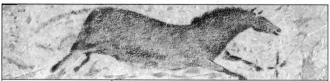

Cheval noir au galop
(Lascaux)

Les ocres jaunes et
rouges, le kaolin blanc,
l'oxyde de manganèse
noir et l'hématite
fournissaient les
couleurs. Ces
couleurs pouvaient
être utilisées
directement comme
on utilise des mines
de crayons. Cuites ou
pulvérisées, elles
étaient soufflées sur
les parois à l'aide
d'un os creux.
Mélangées à la
graisse animale, elles
étaient étalées avec des
pinceaux de poils ou
de crin.

L'art pariétal montre une remarquable unité. Le professeur A. Leroi-Gourhan distingue 4 périodes, ou styles différents :

Le style I : il y a 22 mille ans. Quelques plaquettes de pierre gravée, symboles féminins ou esquisses de profils d'animaux.

Le style II : de 22 mille ans à 17 mille ans avant notre ère. Les détails permettant d'identifier l'animal viennent s'ajouter aux contours simples : oreilles, queue, cornes, défenses, poils.

Le style III : de 17 mille ans à 13 mille ans avant notre ère. Les plus belles œuvres datent certainement de cette période. Les volumes et la couleur des robes des différents animaux sont précisément représentés.

La grotte de Pech-
Merle (Lot) possède
2 km de galeries. Ici,
les chevaux pommelés
et des impressions de
mains. La main nue
posée sur la paroi, on
projetait de la peinture
pulvérisée. En
retirant la main on
en fait apparaître le
contour.

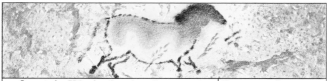

Le style IV : le dernier. Les grottes les plus profondes sont décorées et montrent des animaux de parfaites proportions, souvent en mouvement.

On a vu dans ces œuvres d'art des rites préparant à la chasse. Certains y voient la représentation symbolique de la tribu.

Mais l'interprétation la plus couramment admise aujourd'hui voit dans les figurations d'animaux et de symboles, les représentations d'éléments masculins et féminins. On étudie l'art préhistorique non plus motif par motif, mais en considérant chaque grotte dans son ensemble. On voit ainsi apparaître et se répéter des associations de motifs, dont la place est importante par rapport à la grotte elle-même.

Taureau et signes formés de flèches disposées en épis.

▲

Le sorcier de la grotte des Trois Frères ne ressemble à aucune créature, connue, mais montre les traits caractéristiques de différents animaux : jambes et pieds sont humains, mains palmées et membres supérieurs sont proches de ceux de l'ours, la queue et la courbe du dos évoquent le cheval.

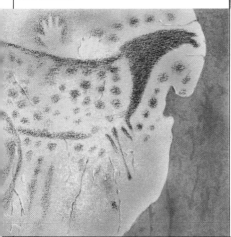

Objets gravés

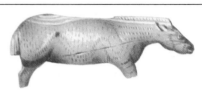

Petite statuette de cheval trouvée à Lourdes (Hautes-Pyrénées).

Dame à la capuche de Brassempouy. Figurine d'ivoire haute de 36 mm.

Si l'art pariétal est essentiellement concentré en Espagne, en France et en Italie, il n'en est pas de même pour l'art mobilier (art que l'on retrouve dans les objets utilisés quotidiennement). Dans toute l'Europe, on fabrique des bijoux, des colliers ou des pendentifs d'ivoire, d'os ou de dents que l'on sait maintenant perforer. Ces objets, comme les harpons ou les sagaies, sont souvent décorés de fines gravures. C'est le cas des propulseurs qui permettaient à la fois de guider et de donner plus de force au jet des sagaies.

Les plus étonnantes réalisations sont sans nul doute les représentations de la femme. Elles peuvent être très figuratives, comme la magnifique tête en ivoire de la Vénus de Brassempouy, ou les statuettes complètes des Vénus de Lespugue et de Lausel (France), de

Vénus de Lespugue.

Galets peints.

Propulseur de Bruniquel (Tarn-et-Garonne) en bois de renne (30 cm de long).

Dolni Vestonice (Tchécoslovaquie), de Willendorf (Allemagne), de Savigno (Italie) ou d'Avdïeïvo (Union Soviétique). Elles peuvent aussi être réduites à la simple représentation de la poitrine et du cou comme le montrent les pendentifs de Dolni Vestonice, ou être stylisées à l'extrême en une simple silhouette. Plus fréquentes en Europe orientale, elles témoignent d'un culte féminin qui se prolongera jusqu'au Néolithique sous des formes diverses.

On a sans doute fort bien dit quand on a défini l'homme : une main et un langage. Mais les gestes utiles ne doivent pas cacher les gestes agréables. La main est précisément l'organe des caresses comme la voix est l'organe des chants. Primitivement caresse et travail devaient être associés. Les longs travaux sont des travaux relativement doux.

Gaston Bachelard

Vénus de Willendorf (Autriche), haute de 110 mm. Elle est en calcaire et a conservé des traces de coloration rouge.

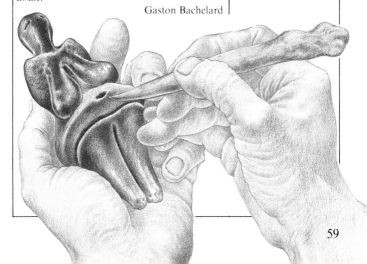

La vie au Mésolithique

Taille d'un perçoir.

Affinage.

Utilisation.

À partir d'une lame déjà extraite d'un bloc de silex, commence la 2e étape de la fabrication d'un outil spécialisé. Avec un percuteur en os, on découpe une pointe triangulaire, qu'il faut affiner et affûter sur le bord d'une pierre. Le perçoir ainsi obtenu sert à préparer le cuir pour y glisser des lanières, et à percer le bois ou l'os.

Il y a 12 000 ans, avec la fin des grandes glaciations, les conditions de vie se transforment sur la planète. Les climats changent, et l'immense masse d'eau retenue par les glaciers est libérée. Le niveau des mers monte, façonnant peu à peu les profils des côtes que nous connaissons aujourd'hui. Les îles Britanniques sont isolées du continent européen. Les steppes laissent la place à une végétation de plus en plus tempérée. La grande faune adaptée aux climats froids se retire vers le nord. Dans les bois, le cerf remplace le renne. Le mammouth disparaît.

L'environnement de l'Homme change, et les nouvelles conditions de vie vont le conduire à changer de techniques et d'habitudes.

On appelle Mésolithique la période transitoire qui prépare la mise en place du monde actuel. Alors qu'il chasse encore le cerf et le sanglier, l'Homme du Mésolithique découvre une nourriture plus modeste. Les dépôts parfois considérables de coquilles d'escargots en Afrique du Nord ou les dépôts de coquillages et d'arêtes de poisson jusque sur les côtes de la mer du Nord montrent le développement de la cueillette, du ramassage et de la pêche.

Partout, l'industrie du silex taillé se perfectionne. On voit alors apparaître de minuscules outils ou pièces d'outils plus complexes : aiguilles, hameçons, éléments de harpons. A ces objets de très petite dimension, on a donné le nom de microlithes.

Le burin est l'outil universel, qui permet de fabriquer d'autres outils, dans le bois ou l'os. Ainsi, pour modeler une aiguille dans un bois de cerf, on dessine un triangle dans la longueur du bois ; on détache ensuite cette longue pointe à l'aide du burin.

On affine la base en la frottant sur un morceau de grès, pour pouvoir façonner le chas avec un perçoir.
Pour façonner l'aiguille et lui donner sa forme arrondie, on la gratte au burin ; il ne reste plus qu'à affiner la pointe en la frottant dans la rainure d'un morceau de grès.

Saumon d'un mètre de long, gravé au plafond de l'Abri du poisson dans le vallon des Gorges d'Enfer (Eyzies en Dordogne).

Aiguille (os)
Burin (silex)

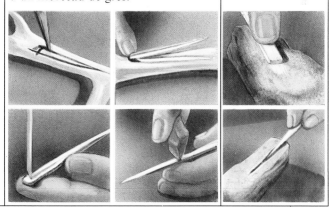

61

Les villages
au Moyen-Orient

À Hacilar,
en Turquie, des
maisons de briques
séchées sont
regroupées à
l'intérieur d'une
enceinte.

À Chirotikia, dans
l'île de Chypre, les
maisons en forme de
ruche sont
construites en pierres.

Alors que dans toute l'Europe les hommes vivaient encore de chasse, de cueillette et du ramassage de petits animaux, au Moyen-Orient la vie commençait à s'organiser autour de la collecte des graminées sauvages. C'est le tout début de l'agriculture.

Il y a dix mille ans, de la Jordanie à l'Iran en passant par le Sud de la Turquie, on trouve déjà des maisons construites en pierre, des silos pour conserver les grains, des meules pour les broyer et des faucilles pour couper les épis. C'est dans la même région, le « croissant fertile », et à la même époque, que l'homme découvrira peu à peu la possibilité d'élever certains animaux au lieu de les chasser. Moutons et chèvres, animaux inoffensifs qui, lorsqu'on les poursuit, ont tendance à se regrouper au lieu de se disperser, sont les premiers animaux domesti-

ques. Ainsi, tandis que certains groupes humains resteront sédentaires, occupés à cultiver les céréales qui leur apportent un appoint de plus en plus important de nourriture, d'autres mèneront une vie nomade. Non plus à la poursuite du gibier ou au gré de la cueillette, mais pour assurer la transhumance de leurs troupeaux.

(...) suiveurs de pistes, de saisons,
leveurs de campements dans le petit
vent de l'aube ;
ô chercheurs de points d'eau sur
l'écorce du monde ;
ô chercheurs, ô trouveurs de raisons
pour s'en aller ailleurs, (...)

Saint-John Perse

À Jarmo, en Irak, sur les murs en terre glaise sont posées des traverses de bois qui soutiennent le toit.

Chaque maison dispose d'une cour intérieure où se trouve le foyer.

La fumée du foyer s'échappe par un trou au milieu du toit.

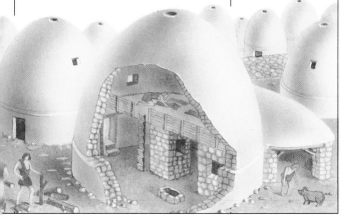

63

La vie en France au bord d'un lac

On a longtemps cru que les poteaux retrouvés sous l'eau correspondaient à des maisons sur pilotis. En fait, elles étaient construites en bordure du lac et n'ont été recouvertes par celui-ci que beaucoup plus tard.

Au Mésolithique, les hommes avaient découvert une grande partie des territoires accessibles, mais concentraient leurs activités sur ceux qui leur fournissaient le plus de ressources et leur procuraient le silex indispensable à leur outillage.

Au Néolithique, ils ne se contentent plus de tirer leur nourriture des ressources naturelles. La grande « révolution » de cette période réside, en effet, dans le défrichement plus encore que dans l'agriculture. Partout la hache polie permet d'étendre les territoires et de les utiliser selon les besoins en maîtrisant la nature.

On connaît de nombreux habitats néolithiques en Europe ; de grands chantiers de fouilles ont permis de reconstituer les plans de villages entiers, en Europe du Nord et de l'Est.

Mais la disparition naturelle de tout ce qui est d'origine végétale ou animale les réduit à l'état de villages fantômes : des trous de poteaux permettent de reconstituer l'ébauche des plans de maisons à charpente de bois, la répartition des objets de pierre taillée ou polie, les poteries et les traces de foyers aident à reconstituer les différentes aires de travail et d'occupation des villages.

En revanche, dans la boue des lacs, en Suisse, en Bavière, en Autriche et en Italie, les archéologues ont retrouvé en plongée des objets d'origine organique admirablement conservés.

C'est le cas en France, à Charavines : en bordure d'un lac, cinq ou six maisons constituent le village entouré de palissades.

Les maisons possèdent un auvent extérieur, sous lequel se faisait le dépeçage des animaux. A l'intérieur, deux pièces : l'une servait de « salle de séjour », l'autre de cuisine. Dans la première on dormait comme le prouvent les traces de la couche, sans doute constituée d'aiguilles de pin recouvertes d'une toile ; dans la deuxième on trouve des traces d'activités diverses : tissage, couture, travail du cuir, vannerie par exemple.

Rive du lac Paladru (Isère).

Pour planter un pieu dans le sol crayeux, on le faisait tourner sur lui-même et il s'enfonçait sous son propre poids.

Une lame de pierre est fixée au manche de bois par une pièce intermédiaire en bois de cerf.

Les graines et les pollens retrouvés dans les couches d'occupation permettent de reconstituer le paysage végétal de Charavines et son évolution sous l'effet du travail de l'homme.

Les forêts de sapins, coupés en grandes quantités pour la construction des maisons, diminuent rapidement. L'agriculture, d'abord pratiquée à quelque distance du village, s'en rapproche peu à peu. Le défrichement se fait en brûlant sur place les arbres abattus. Faute d'un labour profond, les terres ainsi préparées s'épuisent rapidement. Lorsque toutes les terres utilisables sont épuisées, le village doit se déplacer pour se réinstaller un peu plus loin. Il ne pourra se réinstaller au même endroit que quelques dizaines d'années plus tard, quand la forêt se sera reconstituée sur les champs abandonnés.

Poignard et hache.

L'élevage jouait également un rôle important dans l'alimentation et dans l'artisanat. Les principales espèces actuelles sont déjà présentes.

Les porcs sont les plus nombreux ; ils se nourrissent de glands et de racines dans les sous-bois. Les moutons et les chèvres demandent plus de surveillance mais trouvent leur nourriture dans les haies et les clairières. Les bœufs en revanche sont très rares à Charavines où il est difficile de réserver de grandes étendues de terre défrichée pour les herbages.

Les troupeaux fournissaient les viandes, les peaux et la laine, la chasse constituant le complément. Le cerf semble, quant à lui, avoir joué un rôle particulier : en plus de la viande, il offrait la précieuse matière de ses bois qui permettaient la fabrication d'outils variés.

On a retrouvé une pirogue longue de huit mètres cinquante creusée dans un tronc de chêne.

Selon l'angle formé par le manche et la pierre polie, on obtient :

une hache,

une herminette.

Racloir : une fine lame de silex est enfoncée puis collée à la résine dans un morceau de bois.

Poteries à fond rond.

Cuillères de bois

« batteur » de sapin.

Les galets chauffés étaient jetés dans les pots.

Avec les cultures, les agriculteurs devenus sédentaires adoptent de nouvelles habitudes. Les premiers récipients en terre cuite apparaissent : ils sont lourds et fragiles, mais leur forme et leurs dimensions permettent la cuisson des aliments aussi bien que leur conservation après les récoltes de la belle saison. Toutes les poteries retrouvées étaient lissées (sans doute aux doigts, puis avec une pierre ou une spatule de bois) et avaient le fond rond. Comme aujourd'hui, en Afrique, elles étaient cuites au fond d'un trou creusé dans la terre, recouvert d'herbes sèches et de branchages.

On pense pouvoir reconstituer la préparation et la cuisson de certains aliments ; les galettes étaient fabriquées avec du blé écrasé par des meules de pierre et les liquides portés à ébullition dans des récipients où l'on jetait des pierres chauffées.

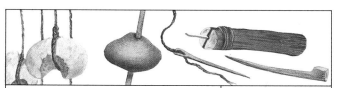

Il y avait trois variétés de blé : deux étaient moissonnées et rapportées en gerbes pour être battues au village ; la troisième, plus fragile, était battue sur place et seuls les grains étaient transportés. Pour la moisson, on utilisait des faucilles constituées d'une branche coudée, renforcée de lamelles de silex enfoncées et collées dans une fine rainure faite dans le bois.

A Charavines, on a retrouvé à peu près toutes les graines, fruits, baies ou racines comestibles, depuis la noix jusqu'à la pomme en passant par le gland, la fraise ou la vigne sauvage. Certaines font même penser à l'éventualité de la cueillette et de la préparation de plantes médicinales.

Les habitants de Charavines connaissaient également la vannerie ; on a découvert des fragments de tressage dont la technique semble très proche de celle utilisée aujourd'hui. Malheureusement aucun panier n'ayant été retrouvé entier, il nous est impossible d'en connaître les formes ni les dimensions.

Les fibres végétales, lin, orties, écorces et laine, étaient filées sur des fuseaux de bois lestés d'un disque de pierre ou de terre cuite appelé fusaïole. Les fils étaient ensuite tissés et peut-être même tricotés pour la fabrication des étoffes.

Poids, fusaïole, aiguille, épingle et poinçon.

Métier à tisser horizontal.

Fuseau de bois lesté d'une fusaïole de terre.

69

Les mégalithes

*Ils ne le sauront
pas les rocs,
Qu'on parle d'eux.*

*Et toujours
ils n'auront
pour tenir
Que grandeur.*

*Et que l'oubli
de la marée,
Des soleils rouges.*

Guillevic

Alignements du
Menec (Carnac). Il
reste 1 169 menhirs
dont 70 en demi-
cercle et 1099 répartis
sur 11 lignes.

En devenant sédentaire, l'Homme du Néolithique accapare des territoires et, pour la première fois dans l'histoire, les marque de son empreinte. Les monuments mégalithiques attestent de façon spectaculaire l'occupation de certains sites : Carnac et ses alignements de menhirs, Stonehenge et son célèbre cromlech, La Roche aux Fées et son allée couverte. Depuis toujours, on cherche à interpréter ces constructions : on a associé les alignements de Carnac à un culte du soleil ou de la lune, on imagine que Stonehenge était un observatoire astronomique. En revanche, on sait, sans doute possible, que les dolmens et les allées couvertes étaient des sépultures collectives, le cimetière d'un village, en quelque sorte.

Ce que nous apprennent, avant tout, les monuments mégalithiques, c'est qu'il existait, 4000 ans avant notre ère, une société organisée, capable de réaliser un travail collectif.

Les menhirs la nuit vont et viennent
Et se grignotent.

Les forêts le soir font du bruit
en mangeant.

La mer met son goémon autour du cou
— et serre.
Les bateaux froids poussent l'homme
sur les rochers
Et serrent.

Guillevic

En effet, l'érection d'un menhir, ou à plus forte raison la construction d'un ensemble comme Carnac ou Stonehenge, devait mobiliser plusieurs villages de l'importance de Charavines (20 à 30 personnes). Il est possible que se soient rassemblés, sur ces grands chantiers, des hommes venus de très loin, dirigés par des maîtres d'œuvre, et tous tendus vers le même but : laisser dans le paysage la marque de leur civilisation.

Allée couverte d'Anto do Silval (Portugal).

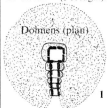

Dolmens (plan)

1/couloir simple
2/chambre perpendiculaire au couloir.

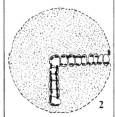

Chambre funéraire du dolmen de la Roche aux Fées.

Les pierres viennent de carrières très éloignées : 210 km pour les dolérites pesant 5 tonnes ; 32 km pour les sarcens, ou grès brun, de 30 à 50 tonnes.

Le cromlech de Stonehenge a été construit entre 1900 et 1600 avant notre ère, soit mille ans après les Pyramides d'Égypte. Lieu de culte ou observatoire astronomique, sa destination est mal connue.

Le transport se fait avec des traîneaux posés sur des troncs d'arbre utilisés comme rouleaux. En une journée, 16 hommes tiraient une tonne sur 1 500 m.

Les pierres sont d'abord dégrossies et fendues : on trace une ligne de fracture et l'on allume du feu tout au long, puis on jette de l'eau froide ; il reste à attaquer à la masse pour séparer les blocs.

Pour dresser les blocs en place, on creusait de larges trous dont une face était consolidée par des pieux. On y basculait la pierre à l'aide de leviers, et il fallait 200 hommes pour la redresser.

La tour était faite de 250 rondins de 6 m de long et 15 cm de diamètre.

Enfin, pour ériger les linteaux entre deux pierres verticales, on construisait des tours en bois, que l'on surélevait étage par étage jusqu'à atteindre la hauteur des piliers. On utilisait des cordes de cuir.

La construction de Stonehenge représente 1 500 000 jours de travail. Sur les 300 000 habitants de l'Angleterre de cette époque, 1 000 y ont participé.

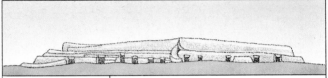

Vue de la façade, percée de 11 ouvertures. La partie la plus ancienne est à droite.

Alors que dans toute l'Europe de l'Ouest, les habitations sont de simples cabanes à charpente de bois recouvertes de chaume, les premières constructions « en dur » seront des tombeaux.

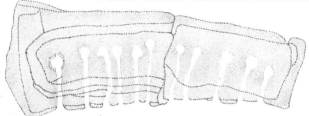

Sur le plan, on distingue les onze travées aboutissant aux chambres funéraires, petites salles circulaires surmontées d'une coupole.

Le cairn de Barnenez forme un ensemble de 70 m de long, 30 m de large. Recouvert de pierraille, il est haut de 6 m.

Les plus anciens se trouvent en Bretagne et datent de 8000 ans. Le « cairn » de Barnenez regroupe onze dolmens : un premier ensemble est composé de cinq dolmens, chacun comportant un couloir aboutissant à la chambre funéraire. La toiture est constituée de petites pierres soigneusement ajustées, formant une coupole conique de 3,5 m de haut. Deux ou trois siècles plus tard, un second monument, composé de six dolmens, est venu se surajouter à cette première construction.

Qu'il s'agisse de peintures murales, de sculptures ou de gravures sur pierre, l'art du Néolithique est lié aux rites funéraires. On retrouve le culte des déesses-mères, hérité du Paléolithique, dans les statuettes en terre cuite, os ou ivoire du Moyen-Orient, aussi bien que sur les parois des dolmens d'Europe de l'Ouest.

Gravure du dolmen de Gavrinis, en Bretagne.

Le bœuf, animal sacré, est représenté sur les peintures murales de Çatal Huyuk ; il est également présent, dans des motifs stylisés en forme de U gravés sur des dolmens.

Des objets de la vie quotidienne, armes, flèches, haches, charrues sont aussi évoqués. En Corse, et dans tout le Bassin méditerranéen, des menhirs sculptés font penser à des guerriers avec leurs armes.

Statue de déesse-mère, provenant de Çatal Huyuk, en Turquie.

Ces représentations sont figuratives, et si leur signification est complexe, au moins peut-on les « lire ». Les signes abstraits qui ornent les parois de certains dolmens bretons ou irlandais, posent, eux, de véritables énigmes.

Menhirs sculptés de Corse.

La découverte du métal

Une fois le métal séparé du minerai, on le retirait du foyer pour le placer dans un creuset de céramique. Placé sous des cendres incandescentes entretenues en soufflant régulièrement avec des sarbacanes, le métal se liquéfiait. Il restait à le porter jusqu'à un moule de pierre en se servant de branches vertes humides, donc ininflammables. En quelques minutes le métal refroidissait en se durcissant.

Il fut tendre et sanglant
mais sur la poignée de son arme,
cristal mouillé,
les initiales de la terre étaient écrites.
Et nul ne put
s'en souvenir plus tard : le vent les oublia, le langage de l'eau fut enterré, les clefs perdues ou englouties sous le silence ou dans le sang.

Pablo Neruda

En complétant les outils de pierre taillée hérités du paléolithique par ceux de pierre polie du néolithique, les hommes avaient considérablement perfectionné les instruments de leur vie quotidienne. Ceux-ci seront utilisés bien longtemps encore après l'apparition du métal.

Couteau en bronze et son moule en pierre.

Torque

L'or puis le cuivre n'auront à leur début qu'un rôle décoratif ; bijoux et parures étaient fabriqués par martelage.

Épingle rectiligne servant à agrafer les vêtements (Europe)

En découvrant la métallurgie, l'homme franchit un tournant décisif dans l'histoire des techniques. Si l'on ignore comment l'homme eut l'idée d'extraire le minerai et de réaliser les premiers alliages, on situe l'intrusion du métal dans la vie quotidienne en Europe, il y a environ 4 000 ans. C'est pratiquement de cette époque que datent le raffinement et l'utilisation des principaux outils agricoles. Les habitants des territoires les plus favorisés connaissent, entre autres, la hache, le couteau, le ciseau à bois, l'herminette et le rasoir dont les formes ne changeront plus guère désormais.

Bracelet à spirales

Première épingle de sûreté.

Les premiers échanges

Dès le Paléolithique, les pierres nécessaires à l'outillage circulaient déjà sur des distances considérables. Les terres à silex et les gisements de pierre dure étant rares, on commence à exploiter des carrières. On a retrouvé en Alsace, dans le Nord et le Midi de la France et jusqu'en Grande-Bretagne, des outils de dolérite (pierre verte et mouchetée) provenant d'une carrière située en Bretagne.

Mais le commerce ne se développe véritablement qu'à l'âge du Bronze. La circulation des minerais devient indispensable, et c'est sans doute à cette époque que se dessinent les premières routes.

Char rituel en bronze (35 cm de long) trouvé dans une tombe autrichienne datant du VIIe s. av. J.-C.

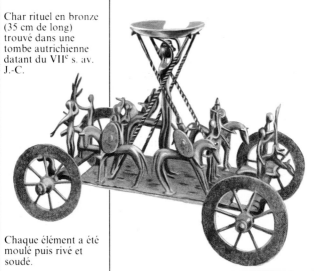

Chaque élément a été moulé puis rivé et soudé.

Des faisceaux de pistes convergent vers les passages inévitables : cols, gués ou traversées de marais. Ces routes de l'âge du Bronze sont jalonnées de dépôts : cachettes où les commerçants entreposaient leurs marchandises, réserves où les fondeurs gardaient les lingots de métal et les vieux outils ou les armes récupérables. On connaît des gués où il devait être rituel de jeter une arme au passage.

Dès cette époque, il devient par conséquent nécessaire de surveiller et de contrôler les nouvelles voies de communication. On construit les premiers camps ; ils ne sont plus seulement défensifs, mais ont désormais un rôle stratégique.

Parallèlement aux échanges de matière première (nous manquons d'informations sur les denrées périssables qui n'ont évidemment laissé aucune trace) se développent des échanges de connaissances et de techniques.

Au Néolithique, les influences exercées sur les différents groupes entre eux sont nettement sensibles en ce qui concerne l'architecture mégalithique, la forme ou la décoration des poteries. À l'âge du Bronze, ces mouvements s'intensifient encore. De la Bretagne à l'Europe continentale, de la Méditerranée à la Grande-Bretagne, de véritables courants d'idées se mêlent, sans doute favorisés par les échanges commerciaux.

Bas-relief assyrien datant du VIIe s. av. J.-C.

Flèches et pointes de lance en métal.

Les sépultures

Élevé 1800 ans avant notre ère, le tumulus de Saint-Jude à Bourbriac (Côtes-du-Nord) devait mesurer 4 m de haut et 20 m de diamètre. Le caveau, de 2 m de profondeur, était tapissé de rondins assemblés comme une palissade et fermé par d'autres rondins couverts de pierraille. Pour protéger encore mieux le défunt, on avait recouvert cet ensemble d'un toit à double pente fait de poutres, de chaume et de fougères. Dans cette maison mortuaire, un squelette reposait sur le côté, la tête orientée vers le soleil levant.

Le développement de la métallurgie enrichit considérablement les habitants de certaines régions, notamment ceux des côtes de l'Atlantique, de la Manche et de la mer du Nord. Avec les progrès techniques, les mentalités changent, les habitudes religieuses et funéraires se transforment. A partir de 1800 av. J.-C., les sépultures collectives mégalithiques font place à des tombes individuelles contenant parfois des coffres ou des cercueils de bois ou de pierre, généralement recouvertes d'un tertre : les tumulus.

De nombreux tumulus ont été fouillés (500 en Bretagne), et leur contenu nous renseigne, non seulement sur

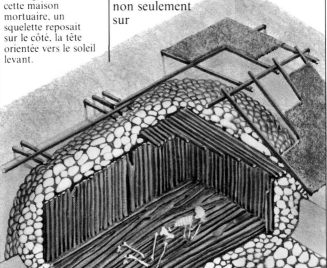

l'architecture et le rituel de la mort, mais sur les éléments de la vie quotidienne, poteries (1), outils en silex et pointes de flèches (2), en bronze (3), meules, broyeurs et bijoux de toutes sortes, enterrés avec le mort.

Certaines tombes sont très riches : elles recèlent de nombreuses armes (4), des bijoux d'or (5) et (6), d'argent (7). D'autres sont plus pauvres : le défunt y était déposé à même le sol, avec pour tout trésor quelques poteries. Cependant, par leur architecture élaborée, qui démontre le souci de mettre le corps à l'abri, elles témoignent toutes d'un même respect des morts.

Tumulus de Bourbriac

81

La naissance de l'Histoire

En Sumérien, chaque mot est représenté par un signe, et non par une suite de caractères. L'étoile signifie « ciel » ou « dieu ».

O messager royal, prends la route,
Comme envoyé spécial, porte ce message à
*   Nippur ; (...)*
Si tu ne connais pas ma mère, tu la
*   reconnaîtras aux signes que voici :*
Son nom est Sat-Ishtar...
Ma mère est semblable à une lumière bril-
*   lant à l'horizon,*
C'est une biche des montagnes,
étoile du matin qui scintille à midi,
cornaline précieuse, topaze de Mahrashi,
Trésor digne d'un frère de roi, pleine de
*   séduction,*
Un bracelet d'étain, un anneau... d'or
*   resplendissant...*
Quand ces signes te l'auront désignée,
et qu'elle sera, rayonnante, devant toi,
Dis-lui :
« Ludingirra, ton fils bien-aimé, te salue. »
*   Message de Ludingirra*
*   à sa mère — Écrit sumérien*

Tandis qu'en Europe occidentale, 3200 ans avant Jésus-Christ, on continue de construire des mégalithes et que l'agriculture commence à peine à conquérir le monde habité, en Mésopotamie, les Sumériens inventent l'écriture. Servant d'abord aux administrateurs et aux marchands pour leurs livres de comptes, l'écriture permettra de décrire les événements : c'est le début de l'histoire.

Les villes regroupent désormais des populations importantes, on construit d'immenses édifices comme la ziggourat d'Ur, on met au point les premiers véhicules à roue, et enfin, on invente l'art de la guerre. Après Sumer, c'est en Égypte que se développe la civilisation. Les pyramides sont construites vers 2800 av. J.-C. Autour de 2500 avant notre ère, dans le bassin de l'Indus Mohenjo-Daro et Harappa sont de riches cités.

Pyramides de Gizeh

Statuette de bronze représentant une danseuse, trouvée à Mohenjo-Daro.

Ziggourat d'Ur

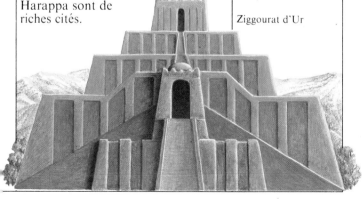

Le petit lexique des premiers hommes

Altamira

Dans la province de Santander, en Espagne, c'est la première grotte décorée connue. Elle a été découverte en 1891 par une fillette dont le père, Marcelino de Sautuola, fera de nombreuses études sur les peintures rupestres.

Arambourg, Camille

Paléontologue français, qui explore le premier le site de la vallée de l'Omo, en Éthiopie, dans les années 1930.

Avdïeïevo

Situé en Ukraine, en Union soviétique, c'est un important campement du Paléolithique supérieur, montrant l'utilisation des os de mammouth pour la fabrication des huttes. On y a trouvé des statuettes de Vénus stylisées.

Breuil (Abbé Henri)

Il a participé à toutes les fouilles préhistoriques importantes jusqu'à sa mort, en 1961. On lui doit études et relevés de la plupart des œuvres d'art rupestre, dont celles de Lascaux, des grottes de Font-de-Gaume et des Combarelles, en Dordogne.

Biface

Outil de pierre taillé sur les deux faces, utilisé pendant tout le Paléolithique inférieur, il a la forme d'une amande.

Carbone 14

Cette technique est basée sur le fait que les animaux et les plantes contiennent du Carbone 14 radioactif en proportion constante. Après la mort, cette proportion diminue très régulièrement. En 5730 ans, un os, ou un morceau de bois, perdent 50 % de leur Carbone 14. En mesurant la proportion de Carbone 14 contenue dans un fossile, on peut calculer le nombre de périodes de désintégration subies par celui-ci. D'autres techniques permettent de remonter encore plus loin dans le temps.

Carnac

Village du Morbihan célèbre pour ses alignements de menhirs et ses monuments mégalithiques.

Cro-Magnon

En 1868, cinq squelettes sont mis à jour, dans un abri-sous-roche de la commune des Eyzies-de-Tayac. Le lieu s'appelle Cro-Magnon, et ce nom deviendra célèbre dans le monde entier, pour avoir fourni le premier *Homo sapiens* connu.

Dart (Raymond)
Professeur à l'université de Johannesburg, il découvre « l'enfant de Taung » en 1924, et lui donne le nom d'*Australopithecus africanus*.

Dubois (Eugène)
Découvre en 1892 le premier fossile d'*Homo erectus*, à Trinil, dans l'île de Java. Il l'appelle Pithécanthrope.

Éclat
Fragment de roche, débité intentionnellement d'un nucléus de pierre, par percussion ou par pression.

Eyzies-de-Tayac (Les)
Dans cette commune de Dordogne, sont concentrés les sites préhistoriques les plus importants de France. Un musée de la Préhistoire regroupe l'essentiel des trouvailles qui y ont été faites.

Fossiles
Les circonstances géologiques ont permis de conserver dans la pierre ou le calcaire, des ossements et des empreintes de végétaux, d'animaux et même des traces de pas.

Gigantopithèque
Le plus grand de tous les singes. Les premiers fossiles ont été trouvés... dans des boutiques de Hong-Kong ! On les considérait comme des dents de dragon ; elles étaient supposées avoir des qualités médicinales.

Glaciations
A certaines périodes, la terre s'est refroidie, et des glaciers ont occupé une partie du globe. Les quatre glaciations mises en évidence portent le nom d'affluents du Danube (dont le bassin a été particulièrement étudié). Günz pour la plus ancienne (650 000 ans-400 000 ans) Mindel pour la 2e (400 000 ans-200 000 ans), Riss pour la 3e (200 000-75 000) et Würm pour la 4e (75 000-10 000).

Hache
Caractéristique du Néolithique, la hache de silex a déjà pratiquement la forme des haches actuelles.

Ivoire
Substance osseuse des dents et des défenses de mammouths et d'éléphants, utilisée

depuis 30 000 ans pour la confection de bijoux et de statuettes.

Lazaret, grotte du
Située à Nice, cette grotte abritait, il y a 150 000 ans, un campement de chasseurs de bouquetins et de marmottes. On y a retrouvé les traces d'une grande cabane contenant deux foyers.

Leakey, Louis et Mary
Paléontologues sud-africains. En 1930, ils découvrent le premier Dryopithèque et l'appellent « *Proconsul africanus* », du nom d'un singe du zoo de Londres. Par la suite, ils découvriront les restes de nombreux Australopithèques et même des traces de pas, les célèbres empreintes de Laetoli.

Leakey, Richard
Fils de Louis et Mary Leakey. A son tour, il est devenu l'un des paléontologues les plus connus au monde.

Il a notamment découvert le premier *Homo erectus* trouvé en Afrique, dans la Gorge d'Olduvay, en Tanzanie. Tout récemment, en août 1984, il a trouvé un squelette entier d'*Homo erectus,* au bord du lac Turkana, au Kenya. C'est la plus importante découverte depuis celle du squelette de Lucy.

Madeleine (La)
Grotte de Dordogne, riche en objets d'art mobilier. Elle a donné son nom à l'une des périodes du Paléolithique supérieur d'Europe : le Magdalénien.

Néanderthal
En 1856, on découvre, dans une vallée proche de Düsseldorf, (Allemagne), une calotte crânienne qui n'appartient pas aux types humains

contemporains. C'est la première découverte d'un homme préhistorique. On l'appelle l'Homme de Néanderthal. Les savants du XXe siècle en ont fait une sous-espèce de l'*Homo sapiens, Homo sapiens neandertalensis,* qui s'est éteinte au début du Paléolithique supérieur.

Néolithique
Ce terme recouvre une période qui correspond à l'apparition d'une nouvelle technique : la pierre polie. L'homme du Néolithique invente l'agriculture, l'élevage, il construit maisons et villages, et fabrique des poteries.

Olduvay
Gorge de Tanzanie où ont été trouvés des *Australopithecus africanus* et des *Homo habilis.* On y a aussi découvert les premiers outils connus, faits dans des galets. L'industrie correspondante a pris le nom d'Olduvayen.

Omo

C'est une vallée d'Éthiopie, où ont été trouvées les principales formes d'Australopithèques.

Paléontologie

La paléontologie étudie les restes fossiles des animaux et des plantes. Les paléontologues qui s'intéressent aux primates doivent d'abord localiser dans les terrains géologiques les couches susceptibles de fournir des fossiles et les étudier minutieusement. Cette recherche laisse une grande part au hasard. Il suffit d'une forte pluie ou d'un éboulement pour qu'un terrain permette tout à coup une découverte importante. De nombreux fossiles sont trouvés par des personnes qui en ignorent l'intérêt scientifique. Le crâne de l'enfant de Taung, le premier Australopithèque connu, servait de presse-papier chez celui qui l'avait découvert, jusqu'à ce que le Professeur Raymond Dart s'y intéresse.

Paléolithique

Cette période archéologique correspond à la plus grande partie de l'ère quaternaire. Elle débute il y a deux millions d'années (Paléolithique inférieur) pour se terminer vers 10 000 ans avant notre ère, avec le Mésolithique.

Primaire

Les époques géologiques sont divisées en quatre grandes ères. L'ère primaire s'étend de l'origine de notre globe jusqu'aux environs de 250 millions d'années. Pendant longtemps, la vie se déroule seulement dans l'eau. Les premières plantes terrestres apparaissent entre 425 et 400 millions d'années, les premiers reptiles à partir de 350 millions d'années.

Quaternaire

L'ère quaternaire ne représente qu'une infime partie des temps géologiques.

En même temps que les grandes glaciations qui ont affecté l'hémisphère nord, elle a vu se développer les primates du genre Homo, aboutissant à l'homme moderne.

Racloir

Éclat de silex aménagé par retouches continues sur un seul bord. Très tranchant, il est indispensable au dépeçage des peaux et au travail du bois.

Secondaire

L'ère secondaire voit le développement de la vie terrestre, en particulier l'apparition des reptiles, des oiseaux et des mammifères. Apparus au début du Secondaire, les dinosaures disparaissent vers la fin de l'ère, aux environs de 70 millions d'années, alors qu'apparaissent les premiers primates.

87

Sinanthrope

Ce nom a été donné à un *Homo erectus* trouvé en 1921 dans la grotte de Chou-kou-tien, près de Pékin. Ses restes fossiles ont été perdus pendant la Seconde Guerre Mondiale, alors qu'on cherchait à les soustraire à l'avance des armées japonaises qui occupaient alors une partie de la Chine.

Solutré

Dans cette commune de la Saône-et-Loire, au pied d'un escarpement rocheux, se trouve un important site paléolithique. Les milliers d'ossements de chevaux qui y ont été trouvés font penser qu'il s'agissait d'un lieu de chasse très particulier. Les troupeaux de chevaux devaient être poussés sur la pente douce et basculaient dans le précipice.

Stratigraphie

La paléontologie et la préhistoire utilisent l'un des principes essentiels de la géologie : la stratigraphie. Lorsque des sédiments s'accumulent au cours des temps en un même lieu, ils se superposent en couches. Dans cette superposition, les niveaux les plus profonds sont les plus anciens. Par conséquent, les objets que l'on trouve dans les couches profondes sont plus anciens que ceux que l'on trouve au-dessus. On arrive ainsi à établir une chronologie relative des fossiles et des objets.

Tassili

Les fresques du Tassili ont été découvertes en 1956 par Henri Lhôte. Elles sont peintes sur les parois d'abris-sous-roche. Dans une première époque elles représentent l'homme (souvent à tête ronde) et la faune sauvage. Plus tard, apparaissent chasseurs, pasteurs, agriculteurs et troupeaux.

Tertiaire

L'ère tertiaire, qui va de 70 millions d'années à 2 millions d'années, voit l'évolution des plantes et des animaux tels que nous les connaissons aujourd'hui, en particulier les primates.

Vénus

Nom donné aux statuettes, aux gravures et aux bas-reliefs préhistoriques représentant des femmes.

Würm

Dernière glaciation quaternaire (de 80 000 à 10 000 ans). Elle doit son nom à un affluent du Danube.

Zinjanthrope

Australopithèque robuste découvert par Louis Leakey en 1959 dans la région du Zinj, en Tanzanie. Par la méthode du potassium-argon, on a pu savoir qu'il datait de 1 750 000 ans.

Table des matières

8/Chronologie
10/La dérive des continents
12/Nos plus lointains ancêtres
14/Les singes, il y a trente millions d'années
16/Oréopithèques et Gigantopithèques
18/Le Ramapithèque
20/Les Australopithèques
22/L'enfant de Taung
24/Les derniers Australopithèques
26/Homo habilis
29/Soixante-dix millions d'années d'évolution
30/La carte des premiers hommes
32/Homo erectus
34/Les techniques de l'Homo erectus
36/La découverte du feu
38/Terra Amata
40/Homo présapiens
42/L'Homme de Néanderthal
44/La chasse
45/Le silex taillé
46/Les rites de la mort
48/L'homme de Cro-Magnon
50/Les différentes techniques de taille
52/Les campements
54/L'art pariétal
58/Objets gravés
60/La vie au Mésolithique
62/Les villages au Moyen-Orient
64/La vie en France au bord d'un lac
70/Les mégalithes
76/La découverte du métal
78/Les premiers échanges
80/Les sépultures
82/Naissance des civilisations

Biographies

Pierre Gouletquer est né en 1939 à Pont-l'Abbé, en Bretagne. Spécialiste de la Préhistoire qu'il enseigne à Brest, il est également chercheur au C.N.R.S. Il fait visiter les musées aux enfants des groupes scolaires qu'il emmène aussi sur les sites préhistoriques, dolmens et menhirs si nombreux en Bretagne. Auteur de ce livre, il pense déjà au prochain dont il rêve d'être, cette fois, l'illustrateur.

Carlo Ranzi est né à Rome, en 1933. Il y vit et y travaille comme spécialiste du dessin scientifique.
Ses reconstitutions de la physionomie des primates et des hominidés disparus ont été publiées dans les revues spécialisées et exposées dans de grandes expositions consacrées à la paléontologie. **(Illustrations des pages : 7 ; 12 à 29 ; 32 à 37 ; 40 à 49 : 52 à 53).**

Christian Jégou est né en février 1948 dans la région parisienne. Pendant quatre ans, il suit les cours du Collège d'Art et de Dessin de la rue Madame, puis s'inscrit à l'Académie Charpentier. Parallèlement il se passionne pour la photographie.
En 1968, il fait une première exposition de dessins surréalistes, puis en 1975 une seconde exposition sur « les animaux et la femme ». Grand joueur d'échecs, il garde heureusement le temps nécessaire à l'illustration de ses thèmes favoris. **(Illustrations des pages : 70 à 73).**

Sylvaine Pérols est née à Angers, près d'une campagne qu'elle aime. Après des études aux Beaux-Arts, elle est venue s'installer à Paris, rêves en poche. Aujourd'hui, elle est illustratrice. Demain, elle sera peut-être fleuriste ?... **(Illustrations des pages : 38, 39 ; 50, 51 ; 54 à 69 ; 74 à 81).**

Marie Mallard vit depuis 1948 à Paris dans le 14e arrondissement ou en Auvergne, au milieu des bois. Elle a une attirance particulière pour les animaux ; alors elle dessine beaucoup, beaucoup, très minutieusement, afin d'être la plus juste possible. **(Illustrations des pages : 82 à 89).**

Donald Grant est né en 1954 à New York, Brooklyn, et a fait ses études au Pratt Institute. Mais, à la réflexion, sa meilleure école a sans doute été le voyage. Il a passé six ans à parcourir le monde, peut-être pour l'observer et réfléchir, avant de choisir le dessin pour s'exprimer. **(Illustrations des pages : 8, 9 ; 10, 11 ; 30, 31).**

Roger-Guy Charman est né à Manchester en Grande-Bretagne le 2 mars 1934. Il vit depuis 29 ans dans le midi de la France où il écrit et illustre des livres pour enfants tout en s'adonnant à sa passion pour la musique. **(Illustrations des pages : 28 et 29 et compléments des pages 12 à 35).**

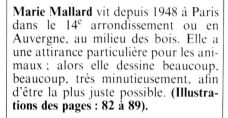

Table des poèmes

6. Pablo Neruda, « Il bougeait, c'était un homme... » (*l'Épée de flammes*, trad. C. Couffon, Gallimard). **12.** Andrée Chedid « Allez, allez, tous au suffrage... » (Le Dinosaure, Fêtes et Lubies, Flammarion, 1973). **11.** Jules Supervielle, « La mer entend un bruit merveilleux... » (extrait, Age des cavernes, *Gravitations*, Gallimard, 1925). **15.** Jean Rostand, « Donc pour le biologiste... » (*l'Homme*, Gallimard, 1962). Claude Roy, « Le singe descend de l'homme... » (Le Singe, paru dans le Point, *Poésie d'aujourd'hui*, Gallimard, 1954). **17.** Daniel Lander, « Le gorille est d'une famille » (Le Gorille, Nouvel Alphabestiaire, *les Animaux sauvages en poésie*, Gallimard, 1982). **19.** Marc Alyn, « Entre deux règnes... » (*l'Arche enchantée*. Éd. ouvrières, 1979). **21.** Lucy, extrait The Beatles (production Georges Martin, disque Apple, Los Angeles, Californie ; © Northern Songs Ltd, England, 1967). **23.** Anonyme, « Autrefois le ciel... » (Mythe mosi, *les Religions d'Afrique Noire*, L.V. Thomas et R. Luneau, Fayard, 1969. Eugène Guillevic, « Sans fin... » (*Terraqué*, Gallimard, 1945). **24.** Jules Romains, « Je ne veux pas évoluer plus loin que l'homme... » (*la Vie unanime*, Gallimard, 1926). **27.** Raymond Queneau, « Le singe sans effort... » (extrait, *Petite cosmogonie portative*, Gallimard, 1950). **32.** Pierre Tisserand chanté par Serge Reggiani » V'là trois millions d'années que j'dormais dans la tourbe (*l'Homme fossile*, disque Barclay). **35.** Engels, « Mais le pas décisif était accompli... » (extrait, *Dialectique de la nature*, trad. E. Bottigelli, Éd. Sociales). **36.** Paul Éluard, « La terre dominait... » (extrait, *la Mort du feu aveugle*, Voir. éd. Trois Collines, Genève, 1948, Gallimard). **37.** Gaston Bachelard, « Avant d'être le fils... » (*la Psychanalyse du feu*, Gallimard, 1949). **40.** Claude Roy « Le rhinocéros est morne (revue le Point, *Poésie d'aujourd'hui*, Gallimard, 1954). **48.** Anonyme, « C'était au temps de la préhistoire... » (*l'Homme de Cro-Magnon*, chanson populaire). **50.** Lorand Gaspar, Silex (extrait, *Sol absolu*, Gallimard, 1972). **52.** Gaston Bachelard, « Un signe de fête... » (extrait, *la Psychanalyse du feu*, Gallimard, 1949). Saint-John Perse, « Suiveurs de pistes, de saisons... » (extrait, *Anabase*, Gallimard, 1960). **53.** Jean Orizet, « Petit mammouth... » (Dits d'un monde en miettes, Éd. Saint-Germain-des-Prés, 1982). **54.** Roger Caillois, « Un dessin immuable... » (extrait, *Chiffre, Minéraux*, Gallimard, 1970). **55.** René Char, « La Bête innommable ferme la marche... » (*La Bête innommable, Lascaux, la Parole en archipel*, Gallimard, 1962). **61.** Gaston Bachelard « On a sans doute fort bien dit... » (extrait, *La Psychanalyse du feu*, Gallimard, 1949). **63.** Tristan Tzara « Les fenêtres s'ouvraient... » (extrait, *Œuvres complètes*, t. IV, Flammarion, 1980). **66.** Gaston Bachelard, « Nous dirions volontiers... » (extrait, *la Psychanalyse du feu*, Gallimard). **70.** Eugène Guillevic, « Ils ne le sauront pas les rocs... » (les Rocs, *Terraqué*, Gallimard, 1945). **71.** Eugène Guillevic, « Les menhirs la nuit vont et viennent... » (Carnac, *Terraqué*, Gallimard, 1945). **76.** Pablo Neruda, « Il fut tendre et sanglant... » (extrait, Amor America 1400, *Chant général*, trad. C. Couffon, Heredos de Pablo Neruda, 1950, Gallimard, 1970 pour la trad. française). **82.** Anonyme, « Ô messager royal, prends la route (écrit sumérien).

Certaines illustrations de ce livre sont inspirées de documents déjà publiées dans Le singe, l'Afrique et l'homme, *d'Yves Coppens, Librairie Arthème, Fayard 1983.*
Celles de la page 34, sont inspirées de la revue Airone, *n° 40, août 1984, Editoriale Giorgio Mondadori.*

Nous remercions Messieurs les Auteurs et Éditeurs qui nous ont autorisés à reproduire textes ou fragments de textes dont il gardent l'entier copyright (texte original ou traduction). Nous avons par ailleurs, en vain, recherché les héritiers ou éditeurs de certains auteurs. Leurs œuvres ne sont pas tombées dans le domaine public. Un compte leur est ouvert à nos éditions.